Mark Twain

Die Tagebücher von Adam und Eva

Übersetzung: Norbert Lechleitner
Innenillustrationen und Coverdesign: Tanja Geier, Landsberg
Motiv: © hoverfly/shutterstock.com
Satz: Christina Krutz, Biebesheim
Herstellung: Graspo, Zlín

Gedruckt auf umweltfreundlichem, chlorfrei gebleichtem Papier
Printed in the Czech Republic

ISBN 978-3-451-03295-0

Mark Twain

Die Tagebücher von Adam und Eva

Aus dem Englischen von Norbert Lechleitner

Mit Illustrationen von Tanja Geier

HERDER

FREIBURG · BASEL · WIEN

Inhalt

Aus Adams Tagebuch

Montag Dieses neue Geschöpf mit den langen Haaren ist ganz schön lästig. Ständig treibt es sich hier herum und folgt mir überallhin nach. Das behagt mir gar nicht, Gesellschaft bin ich nicht gewohnt. Wenn es doch bloß bei den anderen Tieren bliebe. Es ist bewölkt heute, der Wind bläst von Ost. Wir werden wohl Regen bekommen. Wir? Wo habe ich dieses Wort her? Jetzt fällt es mir ein – das neue Geschöpf hat es gebraucht.

Dienstag Habe die großen Wasserfälle besichtigt. Meiner Meinung nach das Schönste, was es hier in der Gegend gibt. Das neue Geschöpf nennt sie Niagarafälle – warum, ist mir ein Rätsel. Sagt, es sähe aus wie die Niagarafälle. Das ist doch kein Grund – einfach Eigensinn und mangelhafter Verstand. Ich selbst käme nie dazu, irgendetwas von mir aus zu

benennen. Das neue Geschöpf benennt alles, was ihm vor die Augen kommt, bevor ich einen Einwand erheben kann. Und immer mit der gleichen Ausrede – es sehe ganz danach aus. Da ist zum Beispiel der Vogel Greif. Kaum, dass man ihn erblickt, heißt es: »Sieht wie ein Greif aus.« Bei dem Namen wird es dann wohl bleiben. Es ist ermüdend, sich darüber aufzuregen, es nützt ohnehin nichts. Ein Greif! Er sieht einem Greif nicht ähnlicher als ich.

Mittwoch Habe mir einen Unterschlupf gegen den Regen gebaut, konnte ihn aber nicht in Frieden genießen. Das neue Geschöpf drängte sich darunter. Als ich es hinausbefördern wollte, vergoss es Wasser aus den Löchern, aus denen es sonst guckt, wischte die Tropfen mit dem Rücken seiner Pfote ab und machte ein Geräusch wie andere Tiere, wenn sie in Not sind.

Ich wünschte, es hörte auf zu reden! Dauernd ist es am Reden. Das klingt so, als wollte ich das arme Geschöpf schlechtmachen, aber so meine ich es nicht. Es ist nur, ich habe die menschliche Stimme bisher noch nie gehört, und jedes neue und seltsame Geräusch, das in die feierliche Stille dieser verträumten Einsamkeit einbricht, wirkt auf mich wie ein falscher Ton. Außerdem ist dieses neue Geräusch immer ganz dicht neben mir; es ist gleich hinter meiner Schulter, gleich hinter meinem Ohr, erst auf der einen Seite, dann auf der anderen. Ich bin doch nur Laute gewöhnt, die mehr oder weniger aus der Ferne kommen.

Freitag Das Benennen von allem und jedem geht munter weiter, trotz allem, was ich dagegen unternehme. Für die Gegend hier hatte ich einen guten Namen, er war klangvoll und schön – Garten Eden. Insgeheim nenne ich sie immer noch so, sage es aber nicht laut.

Das neue Geschöpf sagt, es gebe hier nur Wald und Felsen und Landschaft, und deshalb sei keinerlei Ähnlichkeit mit einem Garten vorhanden. Sagt, es sehe wie ein Park aus und wie nichts anderes. Also wurde die Gegend ohne vorherige Besprechung mit mir umgetauft in »Niagara-Fälle-Park«. Das finde ich denn doch recht anmaßend und rücksichtslos. Und es steht auch schon ein Schild da:

BETRETEN DES RASENS
VERBOTEN

Mein Leben ist nicht mehr so, wie es früher einmal war.

Samstag Das neue Geschöpf isst zu viel Obst. Wahrscheinlich werden wir bald keines mehr haben. »Wir« – schon wieder! Das Wort stammt von dem Geschöpf, und ich habe es vom vielen Hören nun auch schon angenommen. Heute Morgen war starker Nebel. Ich gehe bei Nebel nicht raus. Aber das neue Geschöpf schon. Es geht bei jedem Wetter raus und kommt dann mit völlig verschmutzten Füßen wieder zurück. Und es redet. Früher war es hier so schön und ruhig.

Sonntag Gefaulenzt. Dieser Tag wird immer anstrengender. Im letzten November wurde er zum Tag der Ruhe und Erholung bestimmt. Davon hatte ich sowieso schon sechs pro Woche. Heute früh ertappte ich das neue Geschöpf bei dem Versuch, mit Erdklumpen Äpfel von dem verbotenen Baum herunterzuholen.

Montag Das neue Geschöpf behauptet, dass es Eva heiße. Meinetwegen. Es sagt, mit dem Namen könne ich es rufen, wenn ich möchte, dass es käme. Ich erwiderte, dass es dann überflüssig sei. Diese Bemerkung trug mir sichtlich Respekt ein; war auch in der Tat eine großartige Formulierung, die ich jetzt öfter gebrauchen werde. Das neue Geschöpf behauptet, es sei kein Es, sondern eine Sie. Das wage ich zu bezweifeln. Doch ist es mir egal, was sie ist, wenn sie mich nur in Ruhe lassen und nicht schwatzen würde.

Dienstag Sie hat das ganze Gelände mit abscheulichen Namen und grässlichen Schildern verunstaltet:

ZUM WASSERSTRUDEL
ZUR ZIEGENINSEL
ZUR WINDHÖHLE

Sie sagt, dass dieses Gelände einen wunderbaren Freizeitpark darstellen könnte, wenn nur Gäste kämen. Freizeitpark – wieder so eine Erfindung von ihr –, nur Worte ohne jegliche Bedeutung. Was ist ein Freizeitpark? Aber besser, ich frage nicht nach, sie ist so versessen aufs Erklären.

Freitag Neuerdings bekniet sie mich immer öfter, ich solle mich von den Wasserfällen fernhalten. Was ist denn dabei? Sie sagt, es schaudere sie dabei. Das habe ich doch schon immer gemacht, finde es herrlich, mit einem Kopfsprung in das erfrischende Wasser einzutauchen. Ich dachte, dazu wären Wasserfälle schließlich da. Soweit ich feststellen kann, haben sie keinen anderen Nutzen, und für irgendetwas müssen sie doch geschaffen worden sein. Sie behauptet, sie seien bloß zur Verschönerung der Landschaft da, wie das Rhinozeros und das Mastodon.

Ließ mich in einem Fass den Wasserfall hinunter treiben – das beruhigte sie nicht. Dann fuhr ich in einer Wanne hinab – immer noch nicht zufrieden.

Ich schwamm durch die Stromschnellen und im Strudel in einem Feigenblattbadeanzug. Er wurde ziemlich beschädigt. Ich hörte nur Klagen über meine Verschwendungssucht. Fühle mich hier allzu eingeengt. Was ich brauche, ist eine Ortsveränderung.

Samstag Letzten Dienstag bin ich nachts geflohen, wanderte zwei Tage und errichtete mir an einem abgeschiedenen Ort einen neuen Unterschlupf. Meine Spuren hatte ich so gut wie möglich verwischt. Doch sie spürte mich mithilfe eines Tieres auf, das sie gezähmt hat und Wolf nennt. Wieder machte sie dieses jämmerliche Geräusch und vergoss Wasser aus den Löchern, mit denen sie sieht. Ich musste mit ihr zurückkehren, werde aber ganz sicher bei der nächsten Gelegenheit wieder das Weite suchen.

Sie beschäftigt sich mit allerlei Unsinn, zum Beispiel mit der Frage, warum die Tiere, die Löwe und Tiger heißen, von Gras und Blumen leben, obwohl, wie sie sagt, ihre Zähne darauf schließen ließen, dass sie sich gegenseitig fressen sollten. Das ist natürlich ganz unsinnig, denn dabei würden sie sich gegenseitig umbringen, und dies würde etwas einführen, was, soweit ich informiert bin, Tod heißt; und der Tod ist, so wurde mir gesagt, in den Park noch nicht vorgedrungen. Was in mancher Hinsicht bedauerlich ist.

Sonntag Gefaulenzt.

Montag Ich glaube, ich habe jetzt verstanden, wofür die Woche gut ist: Sie ist dazu da, sich von den langweiligen Sonntagen zu erholen. Kein schlechter Gedanke ... Sie ist wieder auf diesen Baum geklettert. Habe sie mit Erdklumpen runtergescheucht. Sie meinte, es hätte niemand gesehen. Das scheint sie für eine ausreichende Rechtfertigung für jede gefährliche Tat zu halten. Habe ihr das gesagt. Das Wort Rechtfertigung beeindruckte sie, glaub ich, und weckte ihren Neid. Es ist ein gutes Wort.

Dienstag Sie hat mir erklärt, aus einer meiner Rippen gemacht worden zu sein. Das ist doch recht zweifelhaft, gelinde ausgedrückt. Ich vermisse keine Rippe! Sie ist sehr besorgt wegen des Bussards. Gras wäre nichts für ihn; fürchtet, sie könne ihn nicht aufziehen; sie glaubt, dass er dazu bestimmt sei, von verwestem Fleisch zu leben. Der Bussard soll sich

mit dem abfinden, was ihm vorgesetzt wird. Wir können nicht die ganze Ordnung umkrempeln, nur dem Bussard zuliebe.

Samstag Sie ist in den Teich gefallen, als sie sich darin betrachtete. Das macht sie übrigens ständig. Beinahe wäre sie ertrunken und sagte, es sei äußerst unangenehm gewesen. Daraufhin taten ihr die Tiere leid, die darin leben – sie nennt sie Fische, denn sie kann es nicht lassen, Dinge mit Namen zu versehen, die es gar nicht nötig haben und die nicht kommen, wenn man sie mit Namen ruft. Das stört sie aber überhaupt nicht. Sie ist ja ohnehin nicht die Hellste. So hat sie gestern Abend einige Fische herausgeholt und in mein Bett gelegt, damit sie es warm haben; ich habe den ganzen Tag lang immer mal wieder nach ihnen gesehen und kann nicht feststellen, dass sie glücklicher sind als vorher – nur ruhiger. In der Nacht werde ich sie hinauswerfen. Ich schlafe nicht noch mal mit ihnen in einem Bett, so glitschig, wie

die sich anfühlen, wenn man zwischen ihnen liegt und nichts anhat.

Sonntag Gefaulenzt.

Dienstag Sie hat sich mit einer Schlange eingelassen. Die anderen Tiere sind erleichtert, denn sie hat ständig mit ihnen experimentiert und sie belästigt; und ich bin erleichtert, denn die Schlange redet; das verschafft mir eine Pause.

Freitag Sie sagt, die Schlange hätte ihr empfohlen, die Früchte von diesem Baum zu versuchen, damit werde sie eine höhere und edle Bildung erlangen. Ich erklärte ihr, dass es noch eine andere Folge habe – es würde den Tod in die Welt bringen. Das war ein Fehler – hätte ich das nur für mich behalten; die Bemerkung brachte sie erst auf die Idee, sie könnte den kranken Bussard retten und die geschwächten Löwen und Tiger mit frischem Fleisch versorgen.

Ich riet ihr, sich von diesem Baum fernzuhalten. Sie sagt, das würde sie nicht tun. Ich befürchte Schwierigkeiten. Werde auswandern.

Mittwoch Ich habe eine abwechslungsreiche Zeit hinter mir. Letzte Nacht bin ich auf einem Pferd geflohen und ritt so schnell wie möglich in der Hoffnung, aus dem Park verschwinden und mich in einem anderen Land verstecken zu können, bevor das Unheil losbricht. Aber es sollte nicht sein. Etwa eine Stunde nach Sonnenaufgang ritt ich über eine blühende Ebene, auf der Tausende von Tieren nach Lust und Laune grasten, schliefen oder miteinander spielten. Mit einem Mal brachen sie in einen Sturm panischer Laute aus, und im nächsten Moment war die ganze Ebene in rasender Aufruhr, die Tiere griffen sich an und zerfleischten sich gegenseitig. Ich wusste, was das bedeutete: Eva hatte die Frucht gegessen, und der Tod war in die Welt gekommen ... Die Tiger fraßen mein Pferd, und als ich ihnen be-

fahl, davon abzulassen, kümmerte es sie gar nicht. Sie hätten auch mich gefressen, wenn ich geblieben wäre, doch ich zog mich in großer Eile zurück ...

Dann entdeckte ich diesen Ort außerhalb des Gartens und fühlte mich einige Tage recht wohl, aber sie hat mich ausfindig gemacht. Den Ort hier hat sie Tonawanda genannt – sagt, er sähe so aus. Eigentlich war es mir nicht unrecht, dass sie kam, denn in der Gegend gibt es nur wenig Essbares, und sie hat ein paar von den Äpfeln mitgebracht. Ich konnte nicht anders, ich musste sie essen vor lauter Hunger. Es verstieß gegen meine Grundsätze, aber ich bin der Meinung, dass Grundsätze an Gewicht verlieren, wenn man hungrig ist ...

Sie kam in Zweige und Blätter gehüllt, und als ich sie fragte, was der Unsinn bedeute, und alles abriss und wegwarf, kicherte sie und errötete. Ich hatte zuvor noch nie jemanden kichern und erröten sehen und fand, dass es nicht angemessen war und recht albern. Sie meinte, dass ich es noch am eigenen Leib erfahren würde. Das stimmte. Hungrig, wie ich war, legte ich den Apfel halb gegessen beiseite – zweifellos der beste, der mir je untergekommen ist, wenn man die späte Jahreszeit bedenkt – und behängte mich mit herumliegenden Zweigen und Blättern. Dann befahl ich ihr etwas barsch, loszugehen und mehr davon zu besorgen und sich nicht so zur Schau zu stellen. Sie tat es, und danach schlichen wir dorthin, wo die Tiere miteinander gekämpft hatten, und sammelten einige Felle auf, aus denen ich sie ein paar Anziehsachen für uns zusammenheften ließ, die für die Öffentlichkeit ganz passabel sind. Zugegeben, sie sind unbequem – aber stilvoll, und das ist schließlich die Hauptsache bei Kleidern.

Ich finde, sie ist eine ganz angenehme Gefährtin. Mir ist klar, dass ich ohne sie einsam und traurig wäre, jetzt, da ich meinen Besitz verloren habe. Übrigens, sie behauptet, dass wir von jetzt an für unseren Lebensunterhalt arbeiten müssten. Da kann sie nützlich sein. Ich werde die Aufsicht führen.

Zehn Tage später Sie wirft mir vor, ich sei schuld an unserem Unglück. Sie behauptet scheinbar aufrichtig und mit vollem Ernst, die Schlange habe ihr versichert, dass die verbotene Frucht nicht Apfel, sondern Kamelle heiße. Ich erwiderte, dann sei ich ja schuldlos, denn ich hätte keine ollen Kamellen gegessen. Sie erklärte, die Schlange habe sie darüber aufgeklärt, dass »olle Kamelle« der bildliche Ausdruck für einen alten und abgestandenen Witz sei. Da wurde ich blass, denn ich habe viele Witze gemacht, um die Langeweile zu vertreiben. Natürlich können manche von dieser Sorte dabei gewesen sein, obwohl ich sie damals ehrlich für neu gehalten hatte.

Sie fragte mich, ob ich zur Zeit der Katastrophe einen gemacht hätte. Ich habe einen gemacht, wenn auch nur für mich im Stillen. Er ging so: Ich dachte über die Wasserfälle nach und sagte mir: »Wie großartig es ist, das Wasser herabstürzen zu sehen!« Dann, im nächsten Moment, hatte ich einen Gedan-

kenblitz und ließ ihm freien Lauf: »Es wäre noch viel großartiger, wenn man es hinaufstürzen sähe!« – Ich wollte mich gerade ausschütten vor Lachen, als die ganze Natur in Chaos und Verderben stürzte und ich um mein Leben rennen musste. »Da haben wir es!«, antwortete sie triumphierend, »genau das ist er; die Schlange hat eben diesen erwähnt und ihn die erste olle Kamelle genannt und gesagt, er sei so alt wie die Schöpfung.« Ach, bin ich tatsächlich schuld. Wäre ich doch nur nicht so geistreich! Hätte ich doch nie diesen glänzenden Einfall gehabt!

Ein Jahr später Wir haben es Kain genannt. Sie hat es gefangen, als ich weiter oben im Land unterwegs war und am Nordufer des Eriesees Fallen stellte; hat es im Wald gefangen, nur wenige Meilen – vielleicht vier, sie ist sich nicht so sicher – von unserer Höhle entfernt. Irgendwie ähnelt es uns und ist vielleicht mit uns verwandt. Jedenfalls glaubt sie das, aber meiner Meinung nach ist das ein Irrtum. Schon der Größenunterschied lässt darauf schließen, dass es sich um eine andere Tierart handelt – vielleicht um einen Fisch; allerdings sank es, als ich es ins Wasser legte, und sie stürzte sich hinein und riss es wieder heraus, bevor der Versuch die Sache eindeutig klären konnte.

Ich denke immer noch, dass es ein Fisch ist, aber das interessiert sie gar nicht und will es mich nicht mehr ausprobieren lassen. Ich verstehe das nicht. Die Ankunft von diesem Geschöpf scheint sie ganz verändert zu haben, und gegenüber solchen Versuchen ist sie nun vollkommen unvernünftig abgeneigt. Sie hängt an diesem Tier mehr als an irgendeinem anderen, kann aber nicht erklären warum. Ihr Verstand ist verwirrt – alles deutet darauf hin. Manchmal trägt sie den Fisch die halbe Nacht herum, wenn er schreit und ins Wasser will. Dann rinnt das Wasser aus den Stellen ihres Gesichts, mit denen sie sieht, und sie klopft dem Fisch den

Rücken und macht sanfte Laute mit ihrem Mund, um ihn zu beruhigen, und zeigt auf hunderterlei Art, wie bekümmert und besorgt sie ist. Ich habe sie das nie mit einem anderen Fisch tun sehen, und das beunruhigt mich doch sehr. Die kleinen Tiger trug sie auch so herum und spielte mit ihnen, bevor wir unseren Besitz verloren, aber es war eben nur ein Spiel. Bei ihnen stellte sie sich nie so an, wenn ihnen das Futter nicht bekam.

Sonntag Sonntags arbeitet sie nicht, sondern liegt nur völlig erschöpft herum und liebt es, wenn der Fisch auf ihr herumkriecht; und sie gibt merkwürdige Geräusche von sich, um ihn zu necken, und tut so, als wolle sie seine Pfoten fressen, und darüber muss er dann lachen. Ich habe noch nie einen Fisch gesehen, der lachen kann. Das gibt mir zu denken ...

Der Sonntag gefällt mir immer besser. Die ganze Woche lang beaufsichtigen ist doch sehr anstrengend. Es sollte mehr Sonntage geben. Früher waren

sie nur langweilig, jetzt sind sie recht angenehm geworden.

Mittwoch Es ist kein Fisch. Ich kann noch nicht sagen, was es ist. Es gibt eigenartige, teuflische Laute von sich, wenn es unzufrieden ist, und sagt »guhguh«, wenn es ihm gut geht. Es ist keiner von uns, denn es kann nicht laufen; es ist auch kein Vogel, denn es fliegt nicht; es ist kein Frosch, denn es springt nicht; es ist keine Schlange, denn es kriecht nicht; ich bin mir sicher, dass es auch kein Fisch ist, obwohl ich keine Möglichkeit hatte herauszufinden, ob es schwimmen kann oder nicht. Es liegt nur herum, meistens auf dem Rücken, die Füße nach oben. Ich habe so etwas noch bei keinem anderen Tier gesehen. Ich sagte, für mich sei es ein Rätsel; aber sie bewunderte nur das Wort, ohne es zu verstehen. Meiner Einschätzung nach ist es entweder ein Rätsel oder eine Art Käfer. Wenn es stirbt, werde ich es auseinandernehmen und sehen, wie es zusammengesetzt ist.

Noch nie hat mich eine Sache so verwirrt.

Drei Monate später Die Verwirrung wird immer größer statt kleiner. Ich schlafe nur noch wenig. Es hat aufgehört herumzuliegen und krabbelt jetzt auf vier Beinen. Doch es unterscheidet sich von den anderen vierbeinigen Tieren, denn seine Vorderbeine sind ungewöhnlich kurz, infolgedessen ragt sein Hinterteil in die Höhe, und das ist kein schöner Anblick. Es ist so ähnlich gebaut wie wir, aber die Art, wie es sich fortbewegt, zeigt, dass es nicht zu unserer Art gehört. Die kurzen Vorder- und langen Hinterbeine deuten darauf hin, dass es zur Familie der Kängurus gehört, aber es ist eindeutig eine besondere Abart der Spezies, denn das echte Känguru springt, was dieses nie tut. Jedenfalls ist es eine spezielle und interessante Variante, die bisher noch nicht erfasst ist. Da ich es schließlich entdeckt habe, habe ich ihm zum Zeichen dieses Verdienstes meinen Namen gegeben: Kängururum Adamiensis ...

Es muss als Junges zu uns gekommen sein, denn es ist seither beträchtlich gewachsen. Es ist heute sicher fünf Mal so groß wie damals, und wenn es unzufrieden ist, kann es jetzt zwanzig bis achtunddreißig Mal mehr Lärm machen als anfangs. Zwangsmaßnahmen helfen hier nicht, sondern bewirken das Gegenteil. Aus diesem Grund habe ich damit aufgehört.

Sie beruhigt es durch Überredung und indem sie ihm Dinge gibt, von denen sie vorher noch sagte, sie würde sie ihm nicht geben. Wie schon erwähnt, war ich nicht zu Hause, als es zu uns kam; sie behauptet, dass sie es im Wald gefunden hätte. Es scheint doch sehr eigenartig, dass es das Einzige sein soll, aber dem ist wohl so, denn ich habe in den letzten Wochen bis zur Erschöpfung versucht, ein weiteres zu fangen, um es meiner Sammlung hinzuzufügen und auch als Spielkamerad für das erste; sicherlich wäre es dann ruhiger und leichter zu zähmen. Aber ich finde keines, nicht einmal irgendwelche Hinweise und seltsamerweise auch keine Spuren. Es muss auf dem Boden leben; es ist unbeholfen; wie kann es also sein, dass es vorwärtskommt, ohne Spuren zu hinterlassen? Ich habe ein Dutzend Fallen aufgestellt, aber sie bringen nichts. Ich fange alle möglichen kleinen Tiere, nur dieses eine nicht; Tiere, die nur aus Neugier in die Falle gehen, um zu sehen, was es mit der Milch auf sich hat. Sie trinken nie davon.

Drei Monate später Das Känguru wächst immer weiter, was sehr seltsam und verwirrend ist. Ich habe noch nie eines gesehen, das so lange braucht, bis es seine normale Größe erreicht hat. Es hat jetzt Fell auf dem Kopf; nicht wie Kängurufell, sondern genauso wie unser Haar, nur dass es viel feiner, weicher und rot statt schwarz ist. Ich verliere bald meinen Verstand bei dieser beunruhigenden und unvorhersehbaren Entwicklung dieser zoologischen Absonderheit. Wenn ich nur ein Weiteres fangen könnte – aber das ist hoffnungslos; es ist eine neue Art und das einzige Exemplar, das ist eindeutig.

Ich habe ein echtes Känguru gejagt und hergebracht, weil ich dachte, unseres, einsam wie es ist, hätte lieber dieses zur Gesellschaft als gar keinen Verwandten oder sonst ein Tier, dem es sich nah fühlen oder von dem es Zuneigung bekommen könnte. Es lebt hier doch verloren unter Fremden, die seine Bedürfnisse und Gewohnheiten nicht verstehen und nicht wissen, wie sie ihm das Gefühl geben könnten, unter Freunden zu sein. Aber das war ein Fehler – beim Anblick des Kängurus geriet es so in Panik, dass mir klar wurde, es konnte nie zuvor eines gesehen haben.

Das arme kleine, lärmende Tier tut mir leid, aber ich kann nichts tun, um es aufzumuntern. Wenn ich es doch nur zähmen könnte – aber das steht völlig außer Frage; je mehr ich das versuche, desto schlimmer wird es. Es bricht mir das Herz, seine kleinen kummervollen Ausbrüche zu sehen. Ich wollte es in die Freiheit entlassen, aber davon wollte sie nichts wissen. Das schien grausam und entspricht gar nicht ihrer Art; aber möglicherweise hat sie recht. Es wäre vielleicht noch einsamer als bisher. Wenn ich schon kein Zweites finden kann, wie sollte es ihm gelingen?

Fünf Monate später Es ist kein Känguru. Nein, es hält sich aufrecht an ihrem Finger fest und geht so ein paar Schritte auf seinen Hinterbeinen, bis es umfällt. Wahrscheinlich ist es eine Art Bär; aber es hat keinen Schwanz – noch nicht – und kein Fell, außer auf dem Kopf. Es wächst noch immer, was doch erstaunlich ist, denn Bären sind sonst früher ausgewachsen. Bären sind gefährlich – seit unserer Katastrophe –, und ich werde nicht zulassen, dass dieser hier noch sehr viel länger ohne Maulkorb herumläuft. Ich habe angeboten, ihr ein Känguru zu fangen, wenn sie den Bären laufen lässt, aber das kam nicht gut an. Es kommt mir so vor, als wäre sie wild entschlossen, uns allen möglichen sinnlosen Gefahren auszusetzen. Sie hat sich stark verändert, seit sie den Verstand verlor.

Vierzehn Tage später Ich habe sein Maul untersucht. Es besteht noch keine akute Gefahr: Es hat nur einen Zahn.

Es hat immer noch keinen Schwanz. Es macht mittlerweile mehr Lärm denn je – hauptsächlich nachts.

Ich bin ausgezogen. Aber ich werde morgen zum Frühstück hinübergehen und sehen, ob er mehr Zähne bekommen hat. Wenn sein Mund voller Zähne ist, wird die Zeit gekommen sein, dass es geht, Schwanz hin oder her, denn ein Bär braucht keinen Schwanz, um gefährlich zu sein.

Vier Monate später Ich war einen Monat lang jagen und fischen, oben in der Gegend, die sie Buffalo nennt – warum, weiß ich auch nicht, vielleicht, weil es dort nicht die geringste Spur von Büffeln gibt. Inzwischen hat der Bär gelernt, ganz allein auf seinen Hinterbeinen herumzutapsen und »Papa« und »Mama« zu sagen.

Es ist ganz sicher eine neue Spezies. Diese Ähnlichkeit mit Worten kann natürlich purer Zufall und wahrscheinlich ohne Sinn und Verstand sein; aber auch dann ist es immer noch außergewöhnlich; kein anderer Bär bringt so etwas fertig. Dieses Nachahmen des Sprechens, zusammen mit dem Fehlen eines Fells und sogar eines Schwanzes, deutet darauf hin, dass es sich um eine neue Bärenart handelt. Die weitere Beobachtung wird äußerst aufschlussreich sein. Inzwischen werde ich eine ausgedehnte Expedition in die Wälder des Nordens unternehmen und eine gründliche Suche durchführen. Es muss ja irgendwo ein weiteres Exemplar geben, und dieses hier wird weniger gefährlich sein, wenn es gleichartige Gesellschaft hat. Ich breche gleich auf, werde ihm vorher aber noch einen Maulkorb umbinden.

Drei Monate später Die Jagd war fürchterlich beschwerlich und erfolglos. Unterdessen hat sie, ohne die Gegend zu verlassen, ein Zweites gefangen! Ein unerhörter Glücksgriff! Ich hätte hundert Jahre die Wälder durchstreifen können, ohne dass mir so ein Ding über den Weg gelaufen wäre.

Am nächsten Tag Ich habe den Neuen mit dem Alten verglichen, und es liegt auf der Hand, dass sie der gleichen Tierart angehören. Ich wollte einen für meine Sammlung ausstopfen, aber sie war aus mir unbegreiflichen Gründen dagegen; also bin ich von meinem Vorhaben abgekommen, obwohl das sicherlich ein Fehler ist. Es wäre ein unersetzlicher Verlust für die Wissenschaft, wenn sie entwischen sollten.

Das Ältere ist zahmer als früher, es kann lachen und wie ein Papagei reden – zweifellos, weil es so viel mit dem Papagei zusammen ist und ein ausgeprägtes Nachahmungsvermögen besitzt. Es würde mich zwar wundern, wenn es sich doch noch als neue Papageienart entpuppen sollte; andererseits würde mich nichts mehr wundern, denn von dem Tag an, als es hier als Fisch ankam, war es bereits alles Mögliche. Das Neue ist ebenso hässlich, wie das andere am Anfang war; es hat dieselbe Gesichtsfarbe von rohem Fleisch und den gleichen eigenartigen Kopf ohne jedes Fell. Sie nennt es Abel.

Zehn Jahre später Es sind Jungen; das haben wir schon vor einer ganzen Weile herausgefunden. Uns hatte wohl nur der Umstand verwirrt, dass sie so klein und unterentwickelt waren, als sie zu uns kamen – wir waren daran nicht gewöhnt. Jetzt gibt es auch ein paar Mädchen. Abel ist ein guter Junge, aber Kain wäre besser ein Bär geblieben. Nach all den Jahren merke ich, dass ich mich anfangs in Eva getäuscht hatte. Es ist besser, mit ihr außerhalb des Gartens zu leben als im Garten ohne sie. Zuerst dachte ich, sie rede zu viel; aber jetzt wäre ich traurig, wenn diese Stimme verstummen und in meinem Leben fehlen würde. Gesegnet sei die olle Kamelle, die uns zusammengeführt und mir erlaubt hat, die Güte ihres Herzens und die Anmut ihres Geistes kennenzulernen!

Aus Evas Tagebuch

Samstag Ich bin jetzt fast einen ganzen Tag alt. Ich bin gestern angekommen. Zumindest kommt es mir so vor. Und es muss auch so sein, denn wenn es einen Tag vor gestern gegeben hat, war ich nicht da, als er stattfand, sonst würde ich mich daran erinnern. Es könnte natürlich sein, dass es doch einen Tag gab und ich ihn nicht bemerkt habe. Also gut. Ab jetzt werde ich sehr gut aufpassen, und wenn es irgendwelche Vorgestern gibt, werde ich es gleich notieren. Man muss das von Anfang an richtig handhaben, damit die Aufzeichnungen nicht durcheinandergeraten. Irgendein Gefühl sagt mir, dass solche Einzelheiten einmal für die Geschichtsschreibung wichtig sein werden. Ich komme mir nämlich wie ein Experiment vor, genau wie ein Experiment; niemand könnte sich mehr wie ein Experiment vorkommen als ich, und so reift in mir immer mehr die Überzeugung, dass ich genau das bin – ein Experiment, nicht mehr und nicht weniger.

Wenn ich nun aber ein Experiment bin, bin ich dann schon das gesamte Projekt? Nein, ich denke nicht. Das Übrige gehört wohl auch dazu. Ich bin zwar die Hauptsache, aber ich glaube, das Übrige hat auch seinen Anteil daran. Ist meine Stellung sicher, oder muss ich wachsam sein und ständig aufpassen? Wohl eher Letzteres. Eine Ahnung sagt mir, dass ständige Wachsamkeit der Preis für Überlegenheit ist. (Das scheint mir ein ausgezeichneter Satz zu sein für mein noch so junges Alter.)

Heute sieht alles viel besser aus als gestern. In der Eile der Fertigstellung gestern blieben die Berge in einem zerklüfteten Zustand, und manche Ebenen waren so mit Schutt und Resten übersät, dass sie einen recht hässlichen Anblick boten. Edle und schöne Kunstwerke sollten keinerlei Zeitdruck unterliegen; und diese majestätische neue Welt ist wirklich ein edles und schönes Werk. Und sicherlich kommt

sie der Vollkommenheit erstaunlich nahe, trotz der
Kürze der Schaffenszeit. An manchen Stellen gibt es
zu viele Sterne und an anderen wieder zu wenige.
Aber ich habe keinen Zweifel, dass das rasch be-
hoben sein wird. Letzte Nacht löste sich der Mond,
rutschte herunter und fiel aus dem Bild – ein sehr
großer Verlust. Es bricht mir das Herz, wenn ich
daran denke. Von allen Schmuck- und Zierstücken
gibt es nichts vergleichbar Schönes und Gelunge-
nes. Er hätte besser befestigt werden müssen. Wenn
wir ihn nur wiederkriegen können ...

Aber man weiß natürlich nicht, wo er hinge-
kommen ist. Und wer ihn findet, wird ihn außerdem bei sich verstecken; das weiß ich, weil ich es
selbst so machen würde. Ich glaube, ich kann sonst
in jeder Beziehung ehrlich sein, aber ich erkenne
bereits, dass mein innerstes Wesen von der Liebe
zum Schönen geleitet wird, einer Leidenschaft für
das Schöne, und dass es fahrlässig wäre, mir einen
Mond anzuvertrauen, der einem anderen gehört,

und der Besitzer nicht weiß, dass ich seinen Mond habe.

Von einem Mond, den ich tagsüber finde, könnte ich mich trennen, weil ich Angst hätte, dass mich jemand sieht; aber wenn ich ihn im Dunkeln fände, so fiele mir bestimmt eine Ausrede ein, um meinen Fund zu verschweigen. Denn ich liebe Monde, sie sind so hübsch und romantisch. Ich wünschte, wir hätten fünf oder sechs; ich würde nie ins Bett gehen; ich würde nie müde werden, auf der Moosbank zu liegen und zu ihnen aufzuschauen.

Sterne sind auch hübsch. Ich würde mir gern ein paar davon ins Haar stecken. Aber ich glaube, das geht nicht. Es überrascht einen, wie weit weg sie sind, denn es hat gar nicht den Anschein.

Als sie zum ersten Mal erschienen, gestern Nacht, versuchte ich, einige mit dem Stock herunterzuholen, aber er war zu meinem Erstaunen nicht lang genug; dann versuchte ich es mit Lehmklumpen, bis ich völlig erschöpft war, aber ich traf keinen einzi-

gen. Das liegt sicher daran, dass ich Linkshänderin bin und nicht gut werfen kann. Selbst als ich auf einen zielte, den ich gar nicht wollte, traf ich den anderen nicht. Dabei war ich ein paar Mal recht nah dran, denn ich sah den schwarzen Fleck des Klumpens vierzig oder fünfzig Mal mitten in den goldenen Haufen fliegen, aber immer ging er knapp vorbei. Wenn ich ein bisschen ausdauernder gewesen wäre, hätte ich vielleicht einen erwischt.

Also weinte ich ein bisschen, was ja vermutlich für jemanden in meinem Alter ganz natürlich ist. Doch nachdem ich mich etwas ausgeruht hatte, nahm ich mir einen Korb und brach zu einem Ort am äußersten Rand der Kreisscheibe auf, wo sich die Sterne nah am Boden befanden, sodass ich sie mit den Händen greifen könnte. Das wäre ohnehin besser gewesen, weil ich sie dann sanft hätte aufsammeln können, ohne sie zu zerbrechen. Aber es war weiter, als ich dachte, und schließlich musste ich aufgeben. Ich war so müde, dass ich keinen

Schritt mehr gehen konnte. Außerdem waren meine Füße wund und taten sehr weh.

Ich konnte nicht nach Hause zurückkehren. Es war zu weit und es wurde kalt. Aber ich fand ein paar Tiger, kuschelte mich zwischen sie und hatte es wunderbar behaglich. Ihr Atem war süß und angenehm, weil sie sich von Erdbeeren ernähren. Ich hatte nie zuvor einen Tiger gesehen, aber an den Streifen erkannte ich sie sofort. Wenn ich so ein Fell hätte, gäbe das ein hinreißendes Kleid.

Heute kann ich Entfernungen schon besser einschätzen. Ich war so versessen auf all die schönen Dinge, dass ich begierig nach jedem griff. Manchmal war es zu weit weg, und manchmal war es zwar nur eine Handbreit entfernt, schien aber einen Fuß weit weg zu sein – jedoch hinter Dornen. Das war mir eine Lektion; außerdem habe ich eine Lebensregel erfunden, ganz selbstständig – meine allererste: »Das gestochene Experiment meidet den Dorn.« Ich glaube, sie ist sehr gut für jemanden in meinem Alter.

Gestern Nachmittag bin ich dem anderen Experiment in einigem Abstand gefolgt, um wenn möglich herauszufinden, wozu es da ist. Leider konnte ich es nicht herauskriegen. Ich glaube, es ist ein Mann. Ich habe noch nie einen Mann gesehen, aber es sah so aus, und ich bin sicher, dass es einer ist. Ich muss zugeben, dass es mich neugieriger macht als alle anderen Reptilien. Falls es ein Reptil ist, aber davon gehe ich aus; denn es hat struppiges

Haar und blaue Augen und sieht ganz wie ein Reptil aus. Es hat keine Hüften und läuft unten spitz zu wie eine Karotte; wenn es steht, spreizt es sich wie ein Lastkran. Daraus schließe ich, es ist ein Reptil, aber es könnte auch ein Bauwerk sein.

Zuerst fürchtete ich mich davor und war immer bereit wegzulaufen, sooft es sich umdrehte, denn ich glaubte, es wollte mich jagen. Allmählich wurde mir aber klar, dass es nur versuchte, mir zu entkommen. So legte ich meine Scheu ab und verfolgte es, stundenlang, mit einem gewissen Abstand. Es wurde ganz nervös und unglücklich. Am Ende war es ziemlich verstört und kletterte auf einen Baum. Ich wartete noch eine Weile, dann gab ich es auf und ging heim.

Heute genau das Gleiche. Ich habe es wieder auf die Palme getrieben.

Sonntag Es hockt immer noch dort oben. Offenbar ruht es sich aus. Aber das ist nur ein Vorwand: Sonntag ist schließlich kein Ruhetag; der Samstag ist dafür bestimmt. Das Reptil ist vermutlich ein Geschöpf, das sich vor allem fürs Ausruhen interessiert. Ich fände es ermüdend, so viel zu ruhen. Mich macht es schon müde, hier herumzusitzen und den Baum im Auge zu behalten. Möchte wirklich wissen, wozu es gut ist. Ich habe es noch nie etwas tun sehen.

Letzte Nacht haben sie uns den Mond wiedergegeben, und ich war so glücklich! Ich finde das sehr anständig von ihnen. Er rutschte wieder ab und fiel herunter, aber ich war nicht mehr beunruhigt, denn wenn man so ehrliche Nachbarn hat, braucht man sich keine Sorgen zu machen. Sie werden ihn schon wieder zurückbringen. Ich wünschte, ich könnte etwas tun, um ihnen meine Dankbarkeit zu zeigen. Ich würde ihnen gern ein paar Sterne schicken, denn wir haben ja mehr, als wir brauchen. Oder besser: Ich habe mehr als genug, nicht wir, denn ich habe festgestellt, dass das Reptil sich aus solchen Sachen nichts macht. Es hat einen gewöhnlichen Geschmack und ist gar nicht freundlich. Als ich gestern Abend in der Dämmerung hinging, war es von seinem Baum gestiegen und versuchte, die kleinen bunten Fische zu fangen, die im Teich spielen. Ich musste es mit Erdklumpen bewerfen, damit es sich wieder auf den Baum verzog und sie in Ruhe ließ. Ich frage mich wirklich, ob es dazu da ist? Hat es denn gar kein Herz? Und kein Mitgefühl mit diesen kleinen Geschöpfen? Kann es sein, dass es für ein so erbärmliches Verhalten entwickelt und erschaffen wurde? Es sieht ganz so aus.

Ein Erdklumpen traf es hinter dem Ohr, da hat es Worte gebraucht. Das fand ich aufregend, denn es war das erste Mal, dass ich außer mir selbst jemanden reden hörte. Ich verstand seine Worte nicht, aber sie klangen recht ausdrucksvoll.

Als ich feststellte, dass es reden kann, gewann ich neues Interesse an ihm, denn ich rede so gern. Ich rede den ganzen Tag und sogar im Schlaf. Ich denke schon, dass ich sehr anregend bin, doch wenn ich mit jemand anderem reden könnte, könnte ich doppelt so interessant sein und würde, falls gewünscht, nie mehr mit Reden aufhören.

Wenn dieses Reptil ein Mann sein sollte, dann ist es kein Es, oder? Das wäre grammatikalisch nicht korrekt, nicht wahr? Ich denke, es wäre dann ein Er. Vermutlich. Folgerichtig würde man es so beugen: Nominativ er; Dativ ihm; Possessiv sein. Also gut, ich will das Reptil für einen Mann ansehen und es »er« nennen, solange es sich nicht als etwas anderes herausstellt. Das ist praktischer als so viele Ungewissheiten.

Sonntag, eine Woche darauf Die ganze Woche bin ich ihm auf den Fersen geblieben und habe versucht, Bekanntschaft zu schließen. Es lag bei mir, ihn anzusprechen, denn er war schüchtern, aber ich habe es nicht krummgenommen. Meine Gesellschaft schien ihn zu freuen, und ich benutzte oft das umgängliche »Wir«, weil es ihm anscheinend schmeichelte dazuzugehören.

Mittwoch Wir kommen jetzt wirklich gut miteinander aus und lernen uns immer besser kennen. Es ist ein gutes Zeichen, dass er nicht mehr versucht, mir auszuweichen, und es zeigt, dass er mich gern um sich hat. Das freut mich, und ich bemühe mich, ihm auf jede erdenkliche Weise nützlich zu sein, um seine Achtung zu steigern.

In den letzten Tagen habe ich ihm die ganze Arbeit des Benennens abgenommen. Das war eine große Erleichterung für ihn, denn er ist darin recht unbegabt und offensichtlich sehr dankbar. Es fällt ihm um nichts in der Welt ein vernünftiger Name ein, aber ich lasse mir nicht anmerken, dass mir seine Schwäche aufgefallen ist. Wann immer ein neues Geschöpf auftaucht, gebe ich ihm einen Namen, bevor er Zeit hat, sich durch peinliches Schweigen bloßzustellen. Auf diese Weise habe ich ihm etliche Verlegenheiten erspart, denn ich habe auf diesem Gebiet keine Schwierigkeiten. Sobald mein Blick auf ein Tier fällt, weiß ich schon, wie es heißt. Ich

brauche keine Sekunde nachzudenken. Der richtige Name kommt sofort wie eine Eingebung, was er zweifellos auch ist, denn ich bin sicher, dass ich ihn eine halbe Minute zuvor noch nicht kannte. Ich scheine ein Geschöpf einfach an seiner Gestalt und seinem Verhalten zu erkennen.

Als der Greif auftauchte, meinte er, es handle sich um eine Wildkatze – ich habe es an seinem Blick gesehen. Aber ich bewahrte ihn vor einem Irrtum und achtete darauf, seinen Stolz nicht zu verletzen. Ich habe ganz natürlich, in einer Art angenehmer Überraschung – und nicht, als dächte ich auch nur im Entferntesten daran, ihn aufklären zu wollen – einfach laut gesagt:»Also, ich muss schon sagen, wenn das kein Greif ist!« Ich erklärte ohne jeglichen belehrenden Ton, woran ich den Greif erkannte. Zwar kam er mir ein wenig verärgert vor, weil ich das Geschöpf kannte und er nicht, doch es war unübersehbar, dass er mich bewunderte. Das war sehr angenehm, und ich dachte beim Einschla-

fen voller Dankbarkeit daran. Wie uns doch selbst die kleinsten Dinge glücklich machen können, wenn wir spüren, dass wir sie verdienen!

Donnerstag Mein erster Kummer. Gestern ging er mir aus dem Weg, er wollte anscheinend nicht, dass ich ihn anspreche. Ich konnte es nicht recht glauben und dachte, es läge ein Irrtum vor, denn ich war gern mit ihm zusammen und hörte ihn gern reden. Wie kann es also sein, dass er so unfreundlich zu mir ist, obwohl ich ihm doch nichts getan habe? Aber es war tatsächlich so. Also ging ich fort und setzte mich einsam dorthin, wo ich ihn zum ersten Mal gesehen habe, an dem Morgen, als wir geschaffen wurden. Damals wusste ich nicht, wer er war, und darum war er mir gleichgültig. Aber jetzt war das ein trauriger Ort, alles erinnerte an ihn, und mein Herz wurde sehr schwer. Ich wusste nicht recht warum, denn es war ein neues Gefühl. Ich hatte es noch nie empfunden, es war mir ein vollkommenes Rätsel, das ich nicht ergründen konnte.

Aber als die Nacht hereinbrach, hielt ich die Einsamkeit nicht länger aus und ging zu dem neuen Unterschlupf, den er gebaut hat. Ich wollte ihn fragen, was ich falsch gemacht hätte und wie ich es ändern und seine Freundschaft zurückgewinnen könne. Aber er schob mich hinaus in den Regen, und das war mein erster Kummer.

Sonntag Jetzt ist wieder alles gut, und ich bin glücklich. Aber die letzten Tage waren schlimm, und ich bemühe mich, sie zu vergessen.

Ich habe versucht, ihm ein paar von diesen Äpfeln herunterzuholen, aber ich schaffe es einfach nicht, richtig zu zielen. Es ist mir also nicht gelungen, aber ich glaube, die gute Absicht hat ihn erfreut. Sie sind verboten, und er sagt, dass ich Ärger kriegen würde.

Aber was kümmert mich Ärger, wenn ich ihm eine Freude bereitet habe?

Montag Heute Morgen habe ich ihm meinen Namen gesagt in der Hoffnung, dass es ihn interessiert. Aber es war ihm gleichgültig. Das ist seltsam. Wenn er mir seinen Namen sagen würde, wäre mir das nicht gleichgültig. Ich glaube, er klänge mir schöner in den Ohren als jeder andere Laut.

Er spricht sehr wenig. Vielleicht, weil er nicht besonders helle ist und es aus Scham nicht zeigen will. Es ist schade, dass er so fühlt, denn Klugheit ist längst nicht alles – die wahren Werte liegen im Herzen. Ich wünschte, ich könnte ihm begreiflich machen, dass ein liebendes, gutes Herz wahren Reichtum bedeutet, Verstand allein dagegen Armut.

Obwohl er so wenig spricht, verfügt er doch über einen beachtlichen Wortschatz. Heute Morgen gebrauchte er einen erstaunlich guten Ausdruck. Er hat offenbar selbst bemerkt, wie gut er war, denn er hat ihn noch zweimal eingeflochten, ganz beiläufig. Er tat es nicht sehr geschickt, aber es zeigte doch, dass er über ein gewisses Wahrnehmungsvermögen verfügt. Ohne Zweifel ist das ein Samenkorn, das man zum Wachsen bringen kann, wenn man es pflegt.

Wo hat er nur das Wort her? Ich glaube nicht, dass ich es je verwendet habe.

Nein, für meinen Namen hatte er kein Interesse. Ich versuchte, meine Enttäuschung zu verbergen, wahrscheinlich ohne Erfolg. Ich wandte mich ab, setzte mich auf die Moosbank und ließ die Füße im Wasser baumeln. Dorthin gehe ich immer, wenn ich Sehnsucht nach Gesellschaft habe, nach jemandem, den ich anschauen und mit dem ich sprechen kann. Die hübsche helle Gestalt, die sich dort im Wasser abzeichnet, genügt mir eigentlich nicht, aber sie ist immerhin etwas; und etwas ist besser als völlige Einsamkeit. Sie redet, wenn ich rede, ist traurig, wenn ich traurig bin. Sie tröstet mich mit ihrem Mitgefühl, sie sagt: »Lass den Kopf nicht hängen, armes verlassenes Mädchen. Ich will deine Freundin sein.« Sie ist mir wirklich eine gute Freundin, die einzige; sie ist meine Schwester.

Niemals werde ich vergessen, als sie mich das erste Mal im Stich ließ! Mein Herz war schwer wie Blei. Ich sagte: »Sie war alles, was ich hatte, und jetzt ist sie weg!« In meiner Verzweiflung rief ich: »Brich, mein Herz, ich ertrage dieses Leben nicht mehr!« und bedeckte mein Gesicht mit den Händen. Ich war untröstlich. Doch als ich die Hände kurz darauf wegnahm, war sie wieder da, hell, strahlend und schön, und ich sprang ihr in die Arme! Es war das vollkommene Glück. Ich bin schon zuvor glücklich gewesen, aber es war nicht wie dieser Rausch. Ich habe später nie wieder an ihr gezweifelt. Manchmal blieb sie fort – für eine Stunde oder sogar den ganzen Tag –, aber ich wartete und zweifelte nicht. Ich sagte: »Sie hat zu tun oder sie ist unterwegs, aber sie wird kommen.« Und so war es auch: Sie kam immer wieder. Wenn es nachts dunkel war, kam sie nicht, denn sie war ein ängstliches kleines Wesen. Aber bei Mondschein kam sie immer. Ich fürchte mich nicht vor der Dunkelheit, aber sie ist ja auch jünger als ich, weil sie nach mir geboren wurde. Viele, viele Male habe ich sie besucht; sie ist mir Trost und Zuflucht, wenn das Leben schwer ist – und das ist es meistens.

Dienstag Den ganzen Morgen war ich damit beschäftigt, unser Anwesen zu verschönern. Von ihm hielt ich mich absichtlich fern in der Hoffnung, er würde sich einsam fühlen und kommen. Tat er aber nicht. Gegen Mittag machte ich Schluss und erholte mich, indem ich mit den Bienen und Schmetterlingen herumtollte und mich an den Blumen erfreute, die-

sen wunderbaren Geschöpfen, die das Lächeln Gottes auf die Erde gebracht haben und bewahren. Ich pflückte sie und flocht sie zu Kränzen und Girlanden und schmückte mich mit ihnen, während ich zu Mittag aß – natürlich Äpfel. Danach ließ ich mich im Schatten nieder und hoffte und wartete. Doch er kam nicht.

Aber es macht nichts. Es wäre doch nichts dabei herausgekommen, denn er macht sich nichts aus Blumen. Er nennt sie Plunder, kann keine von der anderen unterscheiden und hält das für ein Zeichen seiner Überlegenheit. Er macht sich nichts aus mir, er macht sich nichts aus Blumen, er macht sich nichts aus prächtigen Sonnenuntergängen – gibt es irgendetwas, was ihm nicht gleichgültig ist, außer Hütten zu bauen, um sich darin vor dem herrlichen, klaren Regen zu verkriechen, dem Beklopfen von Melonen, dem Kosten der Weintrauben und dem Befingern der Früchte an den Bäumen, um zu sehen, wie sein Besitz gedeiht?

Ich legte einen trockenen Stock auf die Erde und versuchte mit einem zweiten, ein Loch hineinzubohren, weil ich etwas Bestimmtes vorhatte, aber da bekam ich einen gewaltigen Schrecken. Ein feiner, durchsichtig bläulicher Schleier stieg von dem Loch auf. Ich warf alles hin und lief davon. Ich dachte, es sei ein Geist, und war voller Angst! Doch als ich mich umschaute, folgte er mir nicht. Also lehnte ich mich an einen Fels, rang nach Atem, bis meine zitternden Beine wieder ruhig wurden. Dann schlich ich vorsichtig zurück, wachsam und bereit zur Flucht, wenn es nötig wäre. Als ich näher gekommen war, schob ich die Zweige eines Rosenbuschs zur Seite und spähte hindurch – zu schade, dass der Mann nicht da war, ich sah so süß und hübsch aus –, doch der Geist war verschwunden. Ich trat näher und entdeckte ein wenig feinen roten Staub in dem Loch. Um ihn anzufühlen, steckte ich meinen Finger hinein und rief: Autsch! – Sofort zog ich ihn wieder heraus. Es war ein heftiger Schmerz. Ich steckte den Finger in den Mund, hüpfte von einem Fuß auf den anderen und stöhnte. Als es mir gleich wieder besser ging, wurde ich neugierig und fing an nachzuforschen.

Ich wollte unbedingt wissen, was es mit dem roten Staub auf sich hatte. Plötzlich fiel mir der Name dafür ein, obwohl ich ihn noch nie gehört hatte. Es war Feuer! Ich war so sicher, wie man sich einer Sache nur sicher sein kann. Also gab ich ihm ohne Zögern diesen Namen: Feuer.

Ich hatte etwas erschaffen, das es vorher nicht gegeben hatte. Den unzähligen Dingen auf der Welt hatte ich etwas Neues hinzugefügt, das war mir bewusst, und darauf war ich stolz. Ich wollte schon zu ihm laufen und ihm alles erzählen, um seine Anerkennung zu gewinnen – aber ich überlegte es mir anders. Nein – er würde sich nichts daraus machen. Er würde mich fragen, wozu es nütze wäre, und was konnte ich da antworten? Es war ja nicht nützlich, sondern nur schön, einfach wunderschön ...

So seufzte ich und ging nicht zu ihm. Denn es hatte überhaupt keinen Nutzen. Es konnte keine Hütte bauen, es konnte keine Melonen reifen, es konnte die Ernte nicht beschleunigen, es war unnütz, albern und unvernünftig. Er würde es lächerlich machen und verletzende Worte sagen. Doch für mich war es nicht zu verachten. »Oh, du Feuer, ich liebe dich, du reizendes rotes Geschöpf, denn du bist schön – und das genügt!«, so schwärmte ich und wollte es an meine Brust drücken, ließ es aber sein. Stattdessen stellte ich eine weitere Lebensregel auf, ganz allein, aber sie ähnelte so sehr der ersten, dass

ich fürchtete, sie sei nur ein Abklatsch: »Gebranntes Experiment scheut das Feuer.«

Ich bohrte weiter, und als ich eine große Menge Feuerstaub hergestellt hatte, schüttete ich ihn auf eine Handvoll trockenes braunes Gras, um das Feuer mit nach Hause zu nehmen, es für mich zu behalten und mich damit zu vergnügen. Doch der Wind blies hinein, es flog auf und spuckte mich wütend an. Ich ließ es fallen und rannte weg. Als ich mich umschaute, erhob sich der blaue Geist turmhoch, dehnte sich aus und wurde fortgetrieben wie eine Wolke, und ich wusste wieder sofort den Namen dafür: Das war Rauch! Und das fiel mir ein, obwohl ich beschwören kann, dass ich nie von Rauch gehört hatte.

Bald schoss ein blendendes, gelbes und rotes Flackern durch den Rauch empor, und ich nannte es im gleichen Augenblick: Flammen – und lag auch damit richtig, obwohl es die allerersten Flammen der Welt waren. Sie kletterten die Bäume hinauf,

funkelten prächtig inmitten der wachsenden Masse sich wälzenden Rauches, und ich musste einfach in die Hände klatschen und lachen und tanzen vor Begeisterung. So neu, einzigartig und wundervoll war das alles!

Dann kam er gerannt, blieb stehen, starrte minutenlang, ohne ein Wort zu sagen. Dann fragte er, was das sei. Ach, wie dumm, mich so direkt zu fragen! Ich musste die Frage natürlich beantworten und sagte ihm, dass es Feuer wäre. Wenn es ihn ärgerte, dass ich es wusste und er erst fragen musste, dann war es nicht meine Schuld. Ich wollte ihn ja nicht verärgern.

Nach einer Weile fragte er: »Woher kommt es?« Noch so eine direkte Frage, und sie musste genauso direkt beantwortet werden: »Ich habe es gemacht.«

Das Feuer wanderte weiter und weiter weg. Er trat an den Rand der verbrannten Fläche, schaute zu Boden und fragte: »Was ist das?«

»Holzkohle.«

Er hob ein Stück auf, untersuchte es, änderte aber seine Meinung und ließ es wieder fallen. Dann ging er fort. Nichts interessiert ihn.

Aber mich interessierte es. Da lag nun Asche, grau, weich, zart und fein – ich wusste sofort, was es war. Und Glut; ich erkannte auch, dass es Glut war. Ich fand meine Äpfel, scharrte sie aus der Asche und freute mich, denn ich bin noch sehr jung und habe einen regen Appetit. Aber zu meiner Enttäuschung waren sie alle aufgeplatzt und verdorben. So schien es auf den ersten Blick. In Wirklichkeit schmeckten sie besser als frische. Feuer ist wunderbar, und ich bin sicher, eines Tages wird es von Nutzen sein.

Freitag Ich habe ihn letzten Montag wieder gesehen für einen Augenblick, bei Einbruch der Dunkelheit, aber wirklich nur für einen Augenblick. Ich hoffte, er würde mich loben, weil ich versucht hatte, unser Anwesen zu verschönern, denn ich hatte es gut gemeint und hart gearbeitet. Aber er war gar nicht

erfreut, drehte sich um und verließ mich. Auch bei einer anderen Begegnung war er verärgert: Ich wollte ihn wiederum davon abbringen, den Wasserfall hinunterzurutschen. Ich hatte nämlich durch das Feuer ein ganz neues Gefühl kennengelernt – ganz neu und deutlich anders als Liebe, Leid und die übrigen Gefühle, die ich schon kannte – Angst. Sie ist entsetzlich! Ich wollte, ich hätte sie nie kennengelernt. Sie bereitet mir düstere Stunden, sie zerstört mein Glück, sie macht mich zittern und schaudern. Aber es gelang mir nicht, ihn zu überzeugen. Er kennt die Angst noch nicht, und so konnte er mich nicht verstehen.

Aus Adams Tagebuch

Vielleicht sollte ich bedenken, dass sie noch sehr jung ist, bloß ein Mädchen, und sollte großzügiger sein. Sie ist voller Neugier, Eifer, Lebhaftigkeit, die Welt ist für sie ein Zauber, ein Wunder, ein Geheimnis, eine Freude. Sie bringt vor Glück kein Wort heraus, wenn sie eine neue Blume entdeckt. Sie muss sie streicheln und liebkosen, an ihr riechen, zu ihr sprechen und sie mit liebevollen Namen überhäufen.

Außerdem ist sie vernarrt in Farben: brauner Fels, gelber Sand, graue Flechten, grüne Blätter, blauer Himmel; das Perlweiß der Morgendämmerung, die violetten Schatten auf den Bergen, die goldenen Inseln, die bei Sonnenuntergang auf dem Karmesinrot des Meeres treiben, der bleiche Mond, der durch die Wolkenschleier segelt, die wie Juwelen glitzernden Sterne in den Weiten des Weltraums – und soweit ich das sehe, hat nichts davon irgendeinen praktischen Wert. Aber ihr genügt es, dass sie farbig und prächtig sind, und sie verliert darüber den Verstand.

Wenn sie sich nur hin und wieder beruhigen und ein paar Minuten still sein könnte, wäre das ein friedlicher Anblick. In diesem Fall wäre es mir wohl auch eine Freude, sie anzusehen. Dessen bin ich mir sogar sicher, denn mir wird allmählich klar, dass sie ein bemerkenswert hübsches Geschöpf ist – geschmeidig, schlank, zierlich, wohlgerundet und -geformt, gewandt, anmutig. Als ich sie einmal marmorweiß und von Sonnenschein überflutet auf einem Felsen stehen sah, den jungen Kopf in den Nacken gelegt, mit der Hand ihre Augen beschirmend, um dem Flug eines Vogels am Himmel nachzuschauen, erkannte ich, dass sie schön war.

Montagmittag Wenn es irgendetwas auf der Welt gibt, für das sie sich nicht interessiert, so ist es mir jedenfalls noch nicht aufgefallen. Es gibt Tiere, die sind mir ganz gleichgültig, doch bei ihr ist das anders.

Sie macht keine Unterschiede, sie nimmt sich eines jeden an, jedes einzelne ist für sie kostbar, jedes neue ist ihr willkommen.

Als der gewaltige Brontosaurus in unser Lager gestampft kam, sah sie in ihm eine Bereicherung, ich dagegen eine Katastrophe. Das ist ein anschauliches Beispiel dafür, wie wenig unsere Ansichten übereinstimmen. Sie wollte ihn zähmen, ich wollte ihm unsere Behausung schenken und sofort ausziehen. Sie glaubte, ihn durch freundliche Behandlung zähmen und in ein gutes Haustier verwandeln zu können. Ich erwiderte, ein Haustier, das sechs Meter groß und sechsundzwanzig Meter lang ist, ist keines, das man bei sich haben möchte. Selbst mit den besten Absichten und ohne etwas Böses im Sinn zu haben, könnte es sich auf unser Haus setzen und es zermalmen. Denn seinen Augen war die Geistesabwesenheit anzusehen.

Doch sie hatte ihr Herz an das Ungeheuer gehängt und wollte nicht von ihm lassen. Sie meinte, wir könnten mit ihm eine Molkerei eröffnen, und bat mich, ihr beim Melken zu helfen. Ich lehnte aber ab, es war mir zu gefährlich. Das Geschlecht war nicht das richtige, und außerdem hatten wir keine Leiter.

Dann wollte sie auf ihm reiten und von oben die Landschaft anschauen. Sein Schwanz lag wie ein gefällter neun oder zwölf Meter langer Baum auf dem Boden, und sie glaubte, sie könnte daran hochklettern. Aber da irrte sie sich, denn der steile Anstieg war zu glitschig, sie fiel herunter und hätte sich verletzt, wenn ich nicht da gewesen wäre.

Gab sie sich nun zufrieden? Nein. Außer handfesten Tatsachen stellt nichts sie zufrieden; ungeprüfte Theorien sind nicht ihr Fall, und sie will nichts davon wissen. Das ist tatsächlich eine vernünftige Einstellung.

Ich fühle mich davon angezogen und merke, wie sie mich beeinflusst. Wenn ich mehr mit ihr zusammen wäre, könnte sie mich sogar überzeugen.

Bezüglich dieses Monsters hatte sie noch eine andere Idee: Sie überlegte, wenn wir ihn zähmen und freundlich stimmen könnten, dann könnten wir ihn in den Fluss stellen und als Brücke benutzen. Es zeigte sich, dass er schon reichlich zahm war – zumindest soweit es sie betraf –, also probierte sie es aus. Aber es misslang: Jedes Mal, wenn sie den Brontosaurus richtig im Fluss aufgestellt hatte und ans Ufer kam, um auf ihm den Fluss zu überqueren, kam er heraus und lief ihr nach wie ein anhänglicher Berg. Wie die anderen Tiere auch. Sie machen es alle so.

Aus Evas Tagebuch

Freitag, Dienstag, Mittwoch, Donnerstag und heute: all die Tage, ohne ihn zu sehen. Die Zeit wird lang, so allein. Aber lieber allein sein als unwillkommen.

Ich brauchte einfach Gesellschaft – dafür bin ich geschaffen, glaube ich –, also freundete ich mich mit den Tieren an. Sie sind einfach liebenswert, so freundlich und rücksichtsvoll. Nie sind sie mürrisch oder geben mir das Gefühl, lästig zu sein. Sie lächeln dich an und wedeln mit dem Schwanz, sofern sie einen haben, und sie sind immer zu einer Balgerei aufgelegt, zu einem Ausflug oder was auch immer man vorschlägt. Ich finde, sie sind vollkommene Kavaliere. All diese Tage haben wir uns bestens vergnügt, und ich bin nie einsam gewesen.

Einsam? Nein, das kann ich nicht behaupten! Denn ich bin immer von einem ganzen Schwarm umgeben, manchmal erstreckt er sich ohne Zahl über mehrere Quadratkilometer. Steht man mitten drin und lässt den Blick über diese pelzige Weite schweifen, dann herrscht da ein solches Gewimmel und Gewusel, lustig farbenfrohes Gerangel und Gewedel im schillernden Sonnenschein, von hellen und dunklen Streifen unterbrochen, dass man meinen könnte, es handle sich um einen See. Nur weiß man, es ist keiner. Schwärme zutraulicher Vögel fliegen herbei, wahre Stürme schwirrender Flügel. Wenn die Sonne auf diesen gefederten Tumult trifft, dann ist es wie ein Auflodern aller Farben, die man sich nur vorstellen kann, genug, dass einem die Augen übergehen.

Wir haben weite Wanderungen unternommen, und ich habe viel von der Welt gesehen. Fast alles, glaube ich, und damit bin ich die erste und die einzige Reisende. Wenn wir unterwegs sind, geben wir ein eindrucksvolles Bild ab – es gibt nirgendwo etwas Vergleichbares. Aus Bequemlichkeit reite ich stets auf einem Tiger oder Leoparden, weil sie weich

sind und einen runden Rücken haben, auf dem ich gut sitze, und weil sie einfach schöne Tiere sind. Doch für längere Strecken oder um die Aussicht genießen zu können, reite ich den Elefanten. Mit seinem Rüssel hebt er mich auf seinen Rücken, aber hinunter komme ich alleine. Wenn wir rasten wollen, lässt er sich nieder, und ich rutsche seinen Rücken hinab. Die Vögel und Tiere sind alle freundlich zueinander, und es gibt keinerlei Streit. Sie reden miteinander. Sie reden auch mit mir, aber es muss eine fremde Sprache sein, denn ich verstehe kein Wort von dem, was sie sagen. Doch oft verstehen sie mich, wenn ich antworte, vor allem der Hund und der Elefant. Das beschämt mich. Es zeigt doch, dass sie klüger sind als ich und folglich über mir stehen. Das ärgert mich, denn schließlich möchte ich selbst das Hauptexperiment sein – und ich habe auch fest vor, es zu sein.

Ich habe eine Menge gelernt und bin jetzt gebildet. Das war ich keineswegs von Anfang an. Vorher war ich unwissend. Früher ärgerte ich mich mächtig, weil ich es trotz aller Beobachtung nicht schaffte mitzuerleben, wie das Wasser wieder bergauf strömt – jetzt stört mich das nicht mehr. Ich habe unentwegt Versuche angestellt, sodass ich jetzt weiß, dass es nur im Dunkeln aufwärtsfließt. Das weiß ich so genau, weil der Teich nie austrocknet, was er müsste, wenn das Wasser nicht nachts zurückkäme.

Es ist am besten, etwas durch echte Experimente zu beweisen. Wer dagegen nur auf Raten, Mutmaßen und Spekulieren angewiesen ist, der wird nie gebildet.

Manche Dinge kann man nicht herausfinden. Aber das erfährt man nicht durch Raten und Mutmaßen. Nein, man muss sich in Geduld üben und weiter experimentieren, bis man herausfindet, dass man es nicht herauskriegen kann. Und es ist wunderbar, dass das so ist, es macht die Welt so interessant. Gäbe es nichts herauszufinden, wäre sie langweilig. Schon der Versuch, etwas herauszufinden

und es dann doch nicht herauszufinden, ist ebenso interessant wie der Versuch, etwas herauszufinden und es tatsächlich herauszufinden – vielleicht sogar interessanter. Das Geheimnis des Wassers war für mich wie ein verborgener Schatz, bis ich ihn entdeckt hatte. Dann war aller Reiz genommen und es blieb nur Leere. Durch Versuche weiß ich, dass Holz schwimmt, ebenso trockene Blätter, Federn und viele andere Dinge. Es spricht also alles dafür, dass auch ein Fels schwimmen kann. Doch muss man es bei diesem Wissen bewenden lassen, denn es gibt bislang keine Möglichkeit, es zu überprüfen. Aber ich werde einen Weg finden – und dann wird auch diese Sache ihren Reiz verlieren. Diese Erkenntnis macht mich traurig.

Denn wenn ich nach und nach alles herausgefunden habe, wird nichts Aufregendes mehr übrig bleiben, und ich liebe die Aufregung so! Kürzlich habe ich die ganze Nacht nicht geschlafen vor lauter Nachdenken darüber. Anfangs war es mir schlei-

erhaft, wozu ich geschaffen bin. Aber jetzt glaube ich, ich soll die Geheimnisse dieser wundervollen Welt ergründen und mich darüber freuen und dem Schöpfer all dessen dafür danken, dass er sie sich ausgedacht hat. Ich denke, es gibt noch viel zu lernen – ich hoffe es. Wenn ich es mir gut einteile und nicht überstürzt vorgehe, wird es hoffentlich noch viele Wochen vorhalten.

Wenn man eine Feder in die Luft wirft, schwebt sie davon und entschwindet dem Blick. Wirft man aber einen Erdklumpen in die Luft, segelt er nicht davon, sondern fällt runter, jedes Mal. Ich habe es immer wieder versucht, und es ist immer so. Ich frage mich, warum das so ist. In Wirklichkeit kommt er natürlich nicht wieder herunter, aber warum sieht es so aus? Ich glaube, es ist eine optische Täuschung, zumindest in einem der beiden Fälle – bloß in welchem? Es kann die Feder, es kann der Erdklumpen sein. Ich kann nicht beweisen, was von beiden ein Schwindel ist, das muss jeder selbst entscheiden.

Durch Beobachtung weiß ich, dass die Sterne nicht lange halten werden. Ich habe einige der schönsten schmelzen und den Himmel hinabrutschen sehen. Wenn einer schmelzen kann, können alle schmelzen. Wenn alle schmelzen können, dann können auch alle in einer Nacht schmelzen. Dieses Unglück ist unvermeidlich – ich weiß es.

Ich will nun jede Nacht aufbleiben und die Sterne so lange betrachten, bis mir die Augen zufallen; und ich will mir diese funkelnden Himmelsleuchten einprägen. Dann kann ich die glitzernden Myriaden, wenn sie einmal verschwunden sein sollten, in meiner Vorstellung wiederherstellen am schwarzen Himmel, sie wieder zum Funkeln bringen und mit meinen Tränen verdoppeln.

Nach dem Sündenfall Wenn ich zurückdenke, erscheint mir der Garten wie ein Traum. Er war schön, wunderschön, berauschend schön. Jetzt ist er verloren, und ich werde ihn nie wiedersehen.

Der Garten ist verloren, aber ich habe *ihn* gefunden und bin glücklich. Er liebt mich, wie er nur kann. Und ich liebe ihn mit aller Kraft meiner leidenschaftlichen Natur. Das entspricht, glaube ich, meiner Jugend und meinem Geschlecht.

Wenn ich mich frage, warum ich ihn liebe, so kann ich nur sagen, ich weiß es nicht. Ich gäbe auch nicht sonderlich viel darum, es zu wissen. Also nehme ich an, dass diese Liebe nicht auf irgendwelchen Überlegungen und Gründen basiert wie die Liebe zu anderen Reptilien und Tieren. Ich finde das auch in Ordnung.

Ich liebe manche Vögel wegen ihres schönen Gesanges. Aber Adam liebe ich nicht um seines Gesanges willen – nein, keinesfalls, denn je öfter er singt, desto weniger kann ich mich damit anfreunden. Und doch bitte ich ihn zu singen, denn ich will lernen, alles zu mögen, was ihm Freude bereitet. Ich bin sicher, dass ich das auch erreichen werde, denn am Anfang konnte ich seinen Gesang überhaupt nicht aushalten, und jetzt geht's schon. Die Milch wird sauer davon, aber das macht nichts. Ich kann mich sogar an saure Milch gewöhnen.

Ich liebe ihn auch nicht wegen seiner Klugheit – nein, keineswegs. Man kann ihm wegen seiner Intelligenz, so wie sie ist, keine Vorwürfe machen. Er hat sie ja nicht selbst gemacht. Adam ist, wie Gott ihn schuf, und das genügt. Es liegt darin ein weiser Zweck, dessen bin ich mir sicher. Mit der Zeit wird sich seine Intelligenz entwickeln, aber das wird langsam gehen, hat aber auch keine Eile. Er ist mir recht, so wie er ist.

Ich liebe ihn auch nicht seiner gütigen und rücksichtsvollen Art und Feinfühligkeit wegen. Nein, daran mangelt es ihm eher, aber er ist für mich gut genug – und er bessert sich.

Ich liebe ihn nicht wegen seines Fleißes – nein, ganz bestimmt nicht. Ich bin mir sicher, der steckt in ihm, nur verstehe ich nicht, warum er ihn vor mir verbirgt. Das ist mein einziger Kummer. Sonst ist er mir gegenüber jetzt offen und freimütig. Ich weiß ganz genau, dass er weiter nichts vor mir verheimlicht. Der Gedanke, dass er ein Geheimnis vor mir haben könnte, grämt mich. Manchmal raubt es mir den Schlaf, wenn ich daran denke, aber ich will es mir aus dem Kopf schlagen. Davon will ich mir mein Glück nicht trüben lassen, das ich sonst im Überfluss empfinde.

Ich liebe ihn nicht seiner Bildung wegen, nein, auch nicht aus diesem Grund. Er hat sie sich selbst angeeignet und weiß wirklich eine Menge, aber er irrt sich auch oft. Ich liebe ihn nicht seiner Ritterlichkeit wegen – nein, auch darum nicht. Er hat mich verpetzt, aber das mache ich ihm nicht zum Vorwurf. Es ist wohl eine Eigenart seines Geschlechts, dafür kann er nichts. Natürlich hätte ich ihn nicht verpetzt, lieber wäre ich gestorben. Aber ich bilde mir nichts darauf ein, denn das ist eine Eigenart meines Geschlechts, und dafür kann ich ja auch nichts.

Warum liebe ich ihn dann? Einfach weil er ein Mann ist, glaube ich.

Im Grunde ist er gut, und darum liebe ich ihn. Aber selbst wenn er es nicht wäre, könnte ich ihn lieben. Ich würde nicht aufhören, ihn zu lieben, selbst wenn er mir wehtun und mich beschimpfen würde. Das weiß ich. Ich glaube, es ist eine Frage des Geschlechts.

Er ist stark und sieht gut aus, darum liebe ich ihn. Ich bewundere ihn und bin stolz auf ihn, aber ich könnte ihn auch ohne diese Eigenschaften lieben. Wenn er hässlich wäre, würde ich ihn auch lieben. Wenn er krank und schwach wäre, würde ich ihn lieben. Ich würde für ihn arbeiten, mich für ihn zerreißen, für ihn beten und bis zu seinem Tod an seinem Bett wachen.

Ich glaube, ich liebe ihn einfach nur deshalb, weil er mein und ein Mann ist. Es gibt vermutlich keinen anderen Grund. Also denke ich, es ist, wie ich zuvor schon sagte: Diese Art von Liebe entspringt nicht irgendwelchen Gründen und Überlegungen. Sie kommt einfach – keiner weiß woher –, und man kann sie nicht erklären. Und das ist auch nicht nötig.

Jedenfalls ist das meine Meinung. Aber ich bin nur eine junge Frau und außerdem die erste, die diesen Gegenstand bedacht hat. Es könnte sich herausstellen, dass ich ihn in meiner Unwissenheit und Unerfahrenheit nicht richtig aufgefasst habe.

Vierzig Jahre später Es ist mein sehnlichster Wunsch, dass wir gemeinsam aus diesem Leben scheiden – eine Hoffnung, die nie von dieser Erde weichen möge, sondern im Herzen jeder Frau, die liebt, bis ans Ende der Zeit Platz finden soll. Meinen Namen soll sie tragen.

Doch wenn einer von uns zuerst gehen muss, so bete ich darum, dass ich es sein möge. Denn er ist stark, und ich bin schwach. Er bedarf meiner nicht so sehr, wie ich ihn brauche. Ein Leben ohne ihn wäre kein Leben. Wie sollte ich das ertragen? Und

dieses Gebet ist unsterblich und wird gesprochen werden, solange es meinesgleichen gibt. Ich bin die erste Frau und noch in der letzten werde ich wiedergeboren.

Inschrift auf Evas Grabstein:

WO IMMER SIE WAR,
DA WAR EDEN.
Adam